CONSULTATION

DE

Me. BERVILLE.

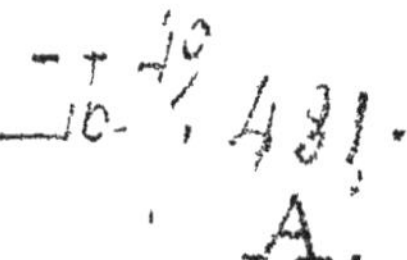

CONSULTATION

DE

Me. BERVILLE.

Le Conseil soussigné, qui a pris lecture,

1°. D'un article inséré dans le n°. 283 de la *Gazette des Tribunaux*, intitulé *Des arrestations arbitraires sur la voie publique*, et signé de Me. Isambert, avocat à la Cour de cassation;

2°. D'une ordonnance du Tribunal de la Seine, rendue en chambre du conseil, laquelle met en prévention l'auteur dudit article, et les journalistes qui ont concouru à sa publication, comme ayant provoqué à la rebellion et à la désobéissance aux lois; délits prévus par les art. 1, 3 et 6 de la loi du 17 mai 1819;

Est d'avis : 1°. Que l'article en question ne renferme aucune expression contraire à l'obéissance due aux lois ou aux dépositaires de l'autorité légale;

2°. Que lors même que l'on supposerait, contre l'avis du Conseil, que la doctrine contenue audit article ne fût pas conforme à la meilleure interprétation des lois, il serait impossible de reconnaître, dans une simple discussion de droit, et sur des points au moins susceptibles de controverse, les caractères de la provocation punie par le législateur.

Avant d'entrer dans le développement de ces deux propositions, le Conseil a un regret à exprimer : c'est que l'ordonnance de mise en prévention ait négligé de spécifier, comme le prescrit la loi, les textes à raison desquels la prévention est prononcée. L'ordonnance se borne à citer *dans son préambule*, et par forme d'*exemples*, deux passages fort courts de l'article inculpé ; puis elle s'arrête, en disant qu'*il est inutile d'en développer plus en détail les passages susceptibles d'incrimination.*

Le Conseil ne saurait partager cette opinion ; jamais il n'est inutile, quand on accuse, de dire pourquoi et sur quoi l'on accuse. D'ailleurs, la loi du 26 mai est formelle en ce point : elle exige positivement, et *à peine de nullité*, que l'ordonnance de mise en prévention *articule* les provocations à raison desquelles la prévention est prononcée. (Loi du 26 mai 1819, art. 6 et 15.)

La défense serait donc en droit d'exiger que l'accusation se renfermât dans le cercle où s'est renfermée l'ordonnance qui lui sert de base. Toutefois, le Conseil pense que la défense n'a pas besoin de recourir à cette exception, et qu'il convient mieux au caractère de la cause, à celui de l'écrivain accusé, d'accepter franchement la discussion dans toute son étendue.

Pour éclairer cette discussion, il est indispensable, puisque l'ordonnance ne peut fournir à la défense les lumières que celle-ci était en droit de lui demander, de bien se fixer sur le but et sur le caractère de l'article incriminé ; d'en rechercher préliminairement l'esprit, la doctrine et les conclusions.

ANALYSE DE L'ARTICLE INCRIMINÉ.

L'auteur de cet article commence par rappeler un fait de notoriété publique, et qu'attestent d'ailleurs les archives des tribunaux : c'est que, depuis quelque temps, plusieurs *arrestations arbitraires* ont eu lieu de la part *des derniers agens de la police*.

Il ajoute, ce qui n'est pas moins notoire, que souvent ces actes arbitraires restent sans réparation. A ce sujet, il cite l'exemple d'un sieur Cornille, qui, victime d'une vexation semblable, non-seulement n'a pu faire punir l'auteur de son arrestation, mais a même *été condamné aux frais de la procédure*.

D'après cela, il se demande si *la loi* n'offrirait pas aux citoyens des garanties plus efficaces contre des abus si graves; ces garanties, il croit les trouver dans le droit qu'ont les citoyens, suivant lui, d'opposer aux arrestations illégales une résistance, tantôt *passive*, tantôt même *offensive* (nous verrons tout-à-l'heure ce que l'auteur entend par ces mots), selon le degré d'illégalité de l'arrestation.

L'auteur est donc conduit à examiner quels sont les cas où une arrestation est légale, quels sont les cas où elle est illégale. Ici, nous devons fixer quelques points généraux qui résultent de l'examen de l'article.

Le premier est qu'il ne s'y agit nullement de discuter le mérite des arrestations *exécutées*, n'importe comment, en vertu d'un *ordre* de l'autorité compétente. L'auteur se borne à rechercher quelles sont les personnes à qui la loi attribue le droit de *donner des ordres* d'arrestation.

Le second, c'est qu'il n'y est point question des arrestations opérées en vertu de mandat de justice. L'auteur reconnaît positivement que les magistrats de l'ordre judiciaire ont droit d'*ordonner* des arrestations, et que les citoyens doivent s'empresser d'obéir, sur l'exhibition de leur mandat : il compte même au nombre des garanties qu'il signale, le droit *de demander cette exhibition*.

Le troisième, enfin, c'est que les conseils exprimés dans

l'article ne s'adressent qu'aux citoyens *domiciliés*. Le mot *domicilié* y est même souligné ; d'ailleurs, la chose résulte, de la manière la plus claire, de tout le contexte de l'article, et notamment du conseil que donne l'auteur aux citoyens menacés d'arrestation illégale, d'*offrir leur nom et* LEUR ADRESSE.

L'objet de l'article est donc d'examiner quels sont, hors de l'ordre judiciaire, les fonctionnaires auxquels la loi attribue, dans certains cas particuliers, le droit d'*ordonner* l'arrestation d'un citoyen *domicilié* (droit qui, dans les cas ordinaires, n'appartient qu'aux magistrats de l'ordre judiciaire) ; et quels sont les cas où ce pouvoir extraordinaire leur est accordé.

Sur ces deux questions, l'auteur interroge les dispositions de la loi, et il arrive aux conclusions suivantes :

1°. Dans le cas de *flagrant délit*, les officiers de police judiciaire ont droit d'arrestation, *pourvu qu'il s'agisse d'un fait qualifié* CRIME *par la loi ;*

2°. Hors les cas de *flagrant délit*, et même en cas de *flagrant délit*, lorsqu'il ne s'agit que d'un *délit* correctionnel ou d'une *contravention* de simple police, les *officiers de police judiciaire* n'ont point le droit d'*ordonner*, de leur chef, l'arrestation d'un citoyen *domicilié* ; il faut un mandat de justice ;

3°. Quant aux officiers de paix et autres agens inférieurs de la police, ils ne sont pas même qualifiés par la loi *officiers de police judiciaire ;* ils ont donc encore moins que ceux-ci le droit d'*ordonner* des arrestations : *leur mission se borne à surveiller et à rendre compte aux commissaires de police et autres officiers de police judiciaire.*

L'auteur émet, en conséquence, l'opinion que toute arrestation *ordonnée* par un agent *sans caractère*, ou par un agent ayant caractère, mais *agissant hors des limites de sa compétence légale*, est une arrestation arbitraire, et que les citoyens ne sont pas tenus de déférer à l'*ordre* qui leur est intimé de cette manière.

Examinant ensuite le caractère et les limites de la résistance, il distingue, à cet égard, entre les agens porteurs d'un caractère légal extérieur, tels que les gendarmes, et les agens sans caractère.

Quant aux premiers, il n'admet qu'une résistance purement *passive*; c'est-à-dire que le citoyen qu'on veut ainsi arrêter « a droit de refuser de marcher, et d'appeler les ci-
» toyens *pour constater* les actes de violence dont il serait
» l'objet. Il avertit même les citoyens qu'ils doivent s'abs-
» tenir de toute expression injurieuse contre les agens de
» la force publique. Il les invite *à offrir leur nom et leur*
» *adresse*. »

A l'égard des agens sans caractère légal extérieur, comme les simples agens de police, il pense « que la résistance pour-
» rait être *offensive*; c'est-à-dire, que la personne arrêtée
» pourrait user de la défense personnelle, et repousser la
» violence par la violence. »

Tel est le système de l'article incriminé, que le conseil a lu et relu avec la plus profonde attention, et dont il est sûr d'avoir présenté l'analyse la plus fidèle.

Maintenant on se demande en quoi cette doctrine pourrait encourir l'animadversion du législateur, et quelles sont les propositions séditieuses que les magistrats instructeurs ont pu y trouver à reprendre?

Plus on y réfléchit, plus on est porté à penser qu'il y a ici quelque mal entendu. La lecture du préambule qui précède l'ordonnance de mise en prévention, est propre à confirmer cette pensée.

On lit, en effet, dans ce préambule, que l'auteur a fait un appel « au droit de savoir s'il faut obéir ou résister aux » *ordres* de l'autorité, *manifestés* par l'*organe* de ses agens. » Or, l'article ne contient rien de semblable : il ne s'applique nullement aux *agens* de l'autorité *exécutant les ordres* de la justice, mais aux *agens* de l'autorité *ordonnant*, de leur propre mouvement, des arrestations qu'ils n'ont point droit d'*ordonner*.

On y lit encore, relativement à l'article inculpé, cette assertion positive : « on n'y tolère d'autre nécessité d'obéis- » sance que celle résultant pour chacun du sentiment in- » time de sa culpabilité. » Or, le conseil, qui a examiné avec le plus grand soin tous les paragraphes de l'écrit incriminé, croit pouvoir affirmer, avec la certitude la plus entière, que rien de semblable ne s'y rencontre. Tout ce qu'on y voit, c'est que chacun peut apprécier par lui-même, non pas la question de *culpabilité*, mais la question de *flagrant délit*; c'est que les citoyens présens sur le lieu de l'arrestation sont, aussi bien que les agens de l'autorité, juges du *flagrant délit*; ce qui évidemment ne signifie rien autre chose, sinon que la question de savoir s'il y a *flagrant délit* (et si, en conséquence, tel ou tel officier de police judiciaire a qualité pour arrêter sans mandat un citoyen domicilié) est une pure question de fait, que tout le monde est à même de décider par le témoignage de ses sens, et non une question de droit dont la solution soit soumise à une compétence particulière. C'est là une vérité aussi simple qu'inoffensive.

Le conseil est donc persuadé que la chambre du conseil n'a prononcé la mise en prévention que faute d'avoir suffisamment saisi le sens de l'article et le dessein de l'auteur. Cette méprise est d'autant plus concevable que, suivant l'auteur lui-même, ce n'était point un article définitivement rédigé, mais de simples notes, qu'il avait envoyées à la *Gazette des Tribunaux*; que ces notes ont été, contre son attente, imprimées telles qu'il les avait jetées à la hâte sur le papier; que cette circonstance a pu répandre sur la rédaction un peu de vague et d'obscurité, et faire illusion à la conscience des magistrats instructeurs.

Toutefois, comme la persuasion du conseil à cet égard n'est et ne peut être qu'une simple opinion personnelle, il n'en doit pas moins discuter la prévention, sous le double caractère que lui assigne l'ordonnance de la chambre d'instruction.

On a vu que l'auteur admet deux sortes de résistance : l'une, *passive*, qui s'applique aux agens sans mission légale, mais revêtus pourtant d'un caractère légal extérieur, tels que les gendarmes, et qui consiste à *demander l'exhibition de l'ordre du magistrat*; à *refuser de marcher* en l'absence de cet ordre; à *offrir son nom et son adresse*; enfin, en cas de contrainte, à *prendre les personnes présentes sur le lieu de l'arrestation à témoins de la violence.*

Dans la doctrine de l'auteur sur ce premier point, la chambre du conseil a cru voir le délit de *provocation à la désobéissance aux lois*;

L'autre espèce de résistance, qualifiée d'*offensive*, s'applique aux agens à-la-fois sans mission et sans caractère légal, et consisterait à *repousser*, le cas échéant, *la violence par la violence*, en usant du droit de *défense personnelle.*

Cette seconde partie de la doctrine de l'auteur a paru à la chambre du conseil constituer une *provocation à la rébellion.*

Examinons séparément chacun de ces griefs.

1°. Provocation à la désobéissance aux lois.

Pour soutenir ce premier grief, l'accusation doit établir,

Ou que la loi attribue à quelques-uns des agens ou fonctionnaires désignés dans l'article, des pouvoirs que cet article leur dénie ;

Ou que la loi impose aux citoyens l'*obéissance passive* envers *tout agent* de la force publique, *même agissant hors de ses pouvoirs.*

Pour établir la *première* de ces deux propositions, l'ordonnance cite d'abord les articles 8, 10 et 16 du Code d'instruction criminelle.

Il suffit de jeter un coup-d'œil sur chacun de ces articles pour se convaincre qu'aucun d'eux n'est applicable à la cause.

L'art. 8 déclare que « la police judiciaire recherche les » crimes, les délits et les contraventions, en rassemble les » preuves, et en livre les auteurs aux tribunaux chargés de » les punir. »

Or, l'auteur n'a jamais nié que les officiciers de police judiciaire n'eussent le pouvoir de *rechercher* les crimes, etc..., d'en *rassembler* les preuves, et d'en *saisir* les auteurs, soit en vertu de mandats de justice, soit de leur propre autorité, *dans les cas ou la loi leur confère spécialement mission à cet égard.* Reste à savoir quels sont ces cas; et c'est précisément cette recherche qui fait l'objet de l'article en discussion.

L'art. 10 porte que « les préfets des départemens, et les » préfets de police à Paris, pourront *faire personnellement*, » ou requérir les *officiers de police judiciaire*, chacun *en ce* » *qui le concerne*, de faire tous actes nécessaires à l'effet de

» constater les crimes, délits et contraventions, et d'en li-» vrer les auteurs aux tribunaux chargés de les punir, con-» formément à l'art. 8. »

Or, l'auteur n'a jamais nié que ni les préfets des départemens, ni le préfet de police n'eussent le droit de faire *personnellement* les actes en question, ou de requérir *les officiers de police judiciaire*, chacun *en ce qui le concerne;* au contraire, il a expressément reconnu ce droit.

Mais il a pensé que cet article ne donnait au préfet de police le droit de *requérir* que *les officiers de police judiciaire*, et non d'*autres* individus; il a aussi pensé que ce même article ne donnait point au préfet de police le droit de requérir les officiers de police judiciaire, *en ce qui ne les concernerait pas*, mais seulement *en ce qui les concerne.*

Sous l'un et sous l'autre rapport, le texte de l'art. 10 est tout-à-fait d'accord avec l'opinion de l'auteur, qui n'en est que la traduction littérale (1).

L'article 16 détermine les attributions des *gardes-champêtres et forestiers, comme officiers de police judiciaire.* Ces attributions sont tout-à-fait spéciales, et n'ont trait, comme le déclare expressément le premier alinéa dudit article, qu'aux délits et contraventions de police *qui auraient porté atteinte aux propriétés rurales et forestières.*

Or, l'article inculpé ne contient pas un mot qui ait trait, soit directement, soit indirectement, à ces agens d'une

---

(1) Voici le passage : « *D'après l'article* 10 *du Code*, ce magistrat (le préfet de police) peut faire personnellement tous les actes de police judiciaire; il peut aussi déléguer le droit de faire ces actes : mais à qui? à ceux-là seulement qui sont qualifiés par la loi officiers de police, *et non à d'autres;* et dans ce cas, l'officier délégué agit sous sa responsabilité personnelle. »

juridiction exceptionnelle. Au contraire, on y remarque que l'auteur a évité de les comprendre dans l'énumération des officiers de police judiciaire dont il examine les attributions (2e. col., lignes 2 à 14) : on sent, en effet, que cela était complètement étranger à l'objet de son article.

Cette énumération est même encore restreinte dans l'alinéa suivant, où l'auteur se borne à signaler les abus commis, en matière d'arrestation, par de *simples gendarmes*, ou des *sous-officiers de gendarmerie*, ou des *agens inférieurs de police* (officiers de paix et autres).

L'article 16 est donc complètement étranger au texte comme à l'esprit de l'article attaqué, et peut-être est-il permis de s'étonner de voir figurer dans la prévention un article de loi si évidemment dénué de tout rapport avec l'écrit qu'on accuse.

A la suite du Code d'instruction criminelle, l'ordonnance cite l'arrêté des consuls du 12 messidor an VIII, et la loi du 28 germinal an VI.

Ici, d'abord, se présente une réflexion bien naturelle ; ou ces lois contiennent seulement les mêmes dispositions que le Code d'instruction criminelle, et, dans ce cas, ce n'est pas à elles, c'est à ce Code qu'il faut se reporter : ou elles contiennent des dispositions que le Code d'instruction criminelle n'a pas cru devoir rappeler, et alors ce Code, qui leur est postérieur, et qui renferme un corps complet de législation sur la matière, les aurait implicitement abrogées.

Au surplus, continuons d'examiner.

L'ordonnance rappelle les articles 38 et 39 de l'arrêté du 12 messidor an VIII. Consultons ces articles ; qu'y voyons-nous ?

1°. » Que le préfet de police et ses agens pourront faire saisir et traduire aux tribunaux de police correctionnelle

» les personnes *prévenues* de délits du ressort de ces tribu-
» naux. » (Art. 38.)

Mais nulle part l'auteur n'a refusé au préfet de police ni à ses agens le droit de *faire saisir* des *prévenus*, c'est-à-dire *d'exécuter des mandats de justice.*

2°. Qu'ils pourront « faire saisir et remettre aux officiers
» chargés de l'administration de la *justice criminelle*, les
» individus surpris en *flagrant délit*, arrêtés par *la clameur*
» *publique*, ou *prévenus* de délits qui sont du ressort de la
» *justice criminelle.* »

Mais nulle part l'auteur n'a refusé au préfet de police ou à ses agens le droit de saisir ou de faire saisir des individus pris en *flagrant délit*, ou poursuivis par la *clameur publique*, pour faits du ressort de la *justice criminelle*; ni celui de faire saisir les *prévenus de crime*, c'est-à-dire, encore une fois, *d'exécuter des mandats de justice.*

L'ordonnance cite encore l'art. 125 de la loi du 18 germinal an VI, reproduite, dit-elle, dans l'ordonnance organique du 29 octobre 1820.

Mais, loin de contredire la doctrine de l'auteur accusé, cette loi en est, au contraire, la confirmation la plus évidente. L'auteur pense que, *dans les cas ordinaires*, la gendarmerie n'a point, de son chef, droit d'arrestation sur un citoyen domicilié : la loi de germinal spécifie un certain nombre de cas *extraordinaires* (comme flagrant délit, mendicité, évasion de détenus ou de condamnés, etc....), où la gendarmerie est appelée à saisir les individus désignés par cette loi : d'où la conséquence nécessaire que, *hors ces cas*, ce droit ne lui appartient pas. C'est précisément ce qu'a prétendu l'auteur de l'article incriminé.

Telle est aussi l'opinion de M. Merlin, v°. *arrestation*, §. Ier. Ce jurisconsulte se demande, *si l'on peut arrêter une*

personne, sans un ordre spécial émané de l'autorité publique.
« On ne le peut régulièrement, répond-il, qu'en cas de » *flagrant délit*. La gendarmerie peut cependant, elle doit » même arrêter d'*office* les *vagabonds*, les *mendians valides* et » les *déserteurs*. (*Loi du 28 germinal an VI*, *tit*. 9.) Toute » personne peut d'ailleurs arrêter les *condamnés aux travaux* » *forcés ou à la réclusion, qui se sont évadés.* »

Ainsi, évasion de condamnés, désertion, mendicité, vagabondage : voilà les seuls cas auxquels M. Merlin réduit, *en se référant à la loi de l'an VI*, le droit d'arrestation d'*office* à l'égard de la gendarmerie : or, aucun de ces cas n'a le moindre rapport avec le système de l'écrit attaqué.

Un premier point reste donc constant : c'est que cet écrit n'a point conseillé la résistance aux agens de l'autorité, dans les cas où ils agissent *légalement*, mais dans les cas où ils agissent *illégalement*.

Désormais donc, pour trouver dans cet article une *provocation à la désobéissance aux lois*, il faudrait rapporter un texte de loi qui imposât aux citoyens l'*obéissance passive* envers *tout agent* de la force publique, *alors même que cet agent ne serait pas dans la limite de ses pouvoirs.*

En d'autres termes, il faudrait citer une loi qui prescrivît d'obéir à ce qui est illégal.

Or, on sent assez qu'une telle loi ne saurait exister. Elle irait directement contre le but du législateur : elle impliquerait contradiction dans ses termes.

Loin qu'un tel système soit écrit dans aucune de nos lois, la doctrine contraire résulte positivement de la discussion des Chambres sur la loi du 17 mai 1819.

On se rappelle que le projet présenté aux Chambres ne contenait aucune disposition relative au délit de *provocation à la désobéissance aux lois*.

Un député, M. Jacquinot de Pampelune, voulant réparer

cette omission, proposa l'amendement suivant : « La pro-
» vocation à la désobéissance aux lois, ou *autres actes de*
» *l'autorité publique*, etc., sera punie..... »

Mais M. le Garde-des-sceaux, répondant à M. Jacquinot de Pampelune, s'opposa fortement à la dernière partie de l'amendement, relative aux *actes de l'autorité publique, autres que les lois*. « Si les actes de l'autorité, dit-il, sont » faits en exécution des lois, désobéir, résister à ces actes, » c'est désobéir aux lois elles-mêmes. Mais si ces actes n'é- » taient point une exécution des lois, si même ils étaient » contraires aux lois, *et les agens de l'autorité sont tellement* » *nombreux que la supposition n'est point impossible*, dans ce » cas, *faut-il prescrire l'obéissance?* la prescrire *sous des* » *peines?* »

La Chambre partagea l'avis de l'orateur du Gouvernement, et, en adoptant la première partie de l'amendement, relative aux *lois*, elle rejeta la seconde partie, relative aux *autres actes de l'autorité publique*.

Déjà la doctrine des auteurs s'était expliquée dans le même sens; plusieurs ont même été plus loin. Ainsi, M. Merlin, portant la parole *comme procureur général*, devant les chambres assemblées de la Cour de cassation, a soutenu qu'il n'y avait point de délit à repousser *à main armée* des gendarmes qui, sans formalités légales, s'étaient introduits de force, pendant la nuit, dans le domicile d'un citoyen. (Voy. *Répertoire de jurisprudence*, v°. *Rébellion*, §. III, pag. 749, troisième alinéa.)

Cette doctrine, au reste, n'a rien de neuf ni d'extraordinaire. Elle est, depuis long-temps, admise en Angleterre, où les tribunaux et le jury en font journellement application. Delolme, dans son livre sur la *Constitution de l'Angleterre*, en rapporte un exemple remarquable.

« Un constable, hors de son *precinct* ou ressort, arrête une femme nommée *Anne Dekins*; le homme Tooly prit sa défense, et, dans la chaleur de la querelle, TUA l'assistant du constable. Poursuivi comme meurtrier, il allégua pour sa justification que l'illégalité de l'emprisonnement était une *cause de provocation suffisante* pour rendre l'homicide excusable, et demandait, en conséquence, d'être admis au bénéfice du clergé. Les jurés, ayant prononcé sur le point de fait, laissèrent le point de droit à la décision du juge, en rendant un *verdict spécial*, ou sentence sous réserve. L'affaire fut portée devant le tribunal même du *King's bench* (Banc du Roi), et de là elle fut encore ajournée *pour avoir l'opinion des douze grands juges*. Voici l'opinion que délivra le juge *Holt*.

« Si un homme est emprisonné par une autorité illégale, » c'est une provocation suffisante à *toutes* personnes, en» suite de leur compassion, beaucoup plus lorsque l'em» prisonnement est fait sans couleur de justice. Quand la » liberté du sujet est attaquée, c'est une provocation *à tous* » *les sujets d'Angleterre.* Un homme doit s'intéresser pour » la grande charte et les lois; *et si quelqu'un en emprisonne* » *un autre illégalement, il est un offenseur contre la grande* » *charte.* » Après quelque débat, *occasionné surtout parce que le nommé Tooly ne paraissait pas avoir eu connaissance que le constable fût hors de son* precinct, *sept des juges furent d'opinion que le prisonnier n'était coupable* QUE DE MEURTRE NON-VOLONTAIRE, et il fut admis au bénéfice du clergé. (Delolme, t. II, ch. XIV.)

Les journaux ont fait aussi connaître, il y a quelques années, le trait d'un membre du parlement, qui tua d'un coup de pistolet un officier de police voulant pénétrer chez lui de force, sans être porteur d'ordre légal. Traduit en cour d'assises, il fut renvoyé absous, *comme ayant agi dans le cas de légitime défense.*

« Il est reçu en principe, dit M. Rey, auteur d'un ouvrage » sur *les institutions judiciaires de l'Angleterre* (1), dans les » grandes cours de justice, que tout citoyen peut *se défendre* » contre un agent du pouvoir *qui agit illégalement*. Par exem» ple, à Londres, en décembre 1823, aux assises de Gui» d'hall, LA COUR déclara qu'il n'y avait aucun délit *pour* » *avoir défendu contre un constable un homme qu'on voulait ar*» *rêter dans l'intérieur d'une maison*, attendu qu'on était en» tré illégalement par la fenêtre; et plus récemment, le » 13 juillet 1824, dans l'affaire Stratford contre Moss, où » l'on accusait un constable d'être complice de mauvais trai» temens, pour avoir aidé à faire sortir de force un homme » d'une maison, l'avocat du constable ayant donné pour ex» cuse que son client n'avait agi que dans l'exercice de ses » fonctions, sur la réquisition qui lui en avait été faite, le » chef de la cour du banc du roi déclara positivement que le » constable, *avant d'agir*, devait *examiner si les circonstances* » *dans lesquelles il était requis justifiaient son intervention*. » (V. t. II, p. 200 et 201.)

On voit que la jurisprudence anglaise, ainsi que M. Merlin, vont plus loin que M. Isambert, quant au droit de résistance aux agens de l'autorité agissant illégalement, mais *porteurs d'un caractère légal extérieur*. A leur égard, M. Isambert n'admet qu'une résistance *passive* : il veut que les citoyens s'abstiennent envers eux de *toute expression injurieuse* (et, à plus forte raison, de toute voie de fait); tandis que M. Merlin et les juges anglais admettent, même à l'égard de ces agens, la résistance *offensive*, qui peut aller

(1) Nous citons avec confiance cet ouvrage, malgré sa publication encore récente, parce qu'il se compose principalement de *faits*, et que les faits n'ont pas besoin, comme la doctrine, de l'épreuve du temps, pour faire autorité.

jusqu'aux voies de fait, jusqu'aux blessures graves, jusqu'à l'homicide. Il est donc évident que, loin d'avoir outré la doctrine de la résistance, M. Isambert ne l'a présentée qu'avec des tempéramens qui font honneur à sa circonspection.

Cependant, lors même qu'il aurait professé, dans toute leur étendue, les principes de la législation anglaise, il n'aurait pas seulement, pour défendre son opinion, le secours et l'autorité d'une jurisprudence étrangère et d'un savant jurisconsulte français ; il aurait aussi l'autorité d'une cour royale (la cour de Lyon), qui, dans un arrêt du 24 mai dernier, a déclaré LÉGITIME la résistance d'un sieur Fusy (quoique accompagnée de *violences* et de *voies de fait graves*), à la saisie d'une portion de ses meubles, que la loi déclarait insaisissable.

On assure même que, depuis cet arrêt, une autre chambre de la même cour a rendu une seconde décision dans le même sens : mais c'est un fait que le conseil n'a pas été à même de vérifier.

On pourrait ajouter, sinon à titre de jurisprudence, du moins à titre de considération, qu'une foule de décisions rendues par des jurys sur tous les points de la France, ont accueilli des défenses fondées sur le même système.

En résultat, il faut se demander si l'auteur accusé peut être considéré comme coupable de *provocation à la désobéissance aux lois*, pour avoir émis, sur le droit de résistance, une doctrine beaucoup moins hardie que la doctrine qu'on produit tous les jours avec succès devant les cours d'assises ; qu'on professe et qu'on applique depuis plus de cent ans en Angleterre ; qu'a professée, devant la cour de cassation, un profond jurisconsulte, portant la parole *au nom du ministère public*, et qu'a récemment appliquée une des cours du royaume.

L'opinion du conseil ne saurait être douteuse sur cette première question ; passons à la seconde, que la discussion qui précède a déjà éclaircie en grande partie.

2°. *Provocation à la rébellion.*

La jurisprudence anglaise, M. Merlin, la cour royale de Lyon décident qu'un citoyen peut, sans se rendre coupable de rébellion, opposer une résistance *offensive*, même aux agens *porteurs d'un caractère légal extérieur* (constables, gendarmes, huissiers), lorsque ces agens opèrent illégalement.

M. Isambert a-t-il provoqué à la rébellion, pour avoir enseigné que l'on peut opposer une résistance *offensive* aux agens *non porteurs d'un caractère légal extérieur*, et agissant illégalement ? Voilà toute la question.

Le Code pénal, art. 209, définit la rébellion : « Toute »attaque, toute résistance avec violence et voies de fait »envers les officiers ministériels, les gardes-champêtres ou »forestiers, la force publique, les préposés à la perception »des taxes et des contributions, leurs porteurs de contraintes, »les préposés des douanes, les séquestres, *les officiers ou* »*agens de la police administrative* ou judiciaire, agissant *pour* »*l'exécution des lois, des ordres ou ordonnances de l'autorité* »*publique, des mandats de justice ou jugemens.* »

Il ne saurait être ici question, dans le système de la prévention, que des *agens de la police administrative*; car ce sont les seuls à l'égard desquels l'auteur inculpé ait fait entrevoir la possibilité d'une résistance *offensive*.

Ici, on serait d'abord en droit de se demander quels sont les *agens* dont l'art. 209 a voulu parler. Croira-t-on que le législateur ait eu en vue toute espèce d'*agens*, même ceux qui n'ont aucun caractère, même ceux que l'on n'avoue pas ? A-t-il voulu environner d'une sanction légale jusqu'à ces êtres flétris par l'opinion, dont la mission n'est pas seulement secrète, mais clandestine ; qui, non seulement ne montrent point leur qualité, mais la cachent aux regards des citoyens ? N'est-il pas beaucoup plus naturel de penser que la loi n'a voulu parler que des agens officiels, revêtus d'un caractère patent, et porteurs d'un signe extérieur, tels que les commissaires de police, les inspecteurs de la navigation, etc., et dès-lors la doctrine de l'auteur, qui ne s'applique qu'aux agens inférieurs et *privés* de la police administrative, n'est-elle pas à l'abri de toute critique ?

Quelque opinion pourtant que l'on veuille se former sur cette question, l'art. 209 n'en est pas moins inapplicable au texte incriminé. Cet article, en effet, ne protége que les personnes agissant *pour l'exécution des lois, des ordres ou ordonnances de l'autorité publique, des mandats de justice ou jugemens.*

Et l'article de la résistance *offensive*, dans l'écrit inculpé, ne s'applique qu'aux agens inférieurs de la police *qui se permettraient* d'ORDONNER, de leur chef, *l'arrestation d'un citoyen domicilié.* Or, un agent de police, *ordonnant*, de son chef, l'arrestation d'un citoyen domicilié, n'agit évidemment pas *pour l'exécution des lois*, qui lui refusent, au contraire, le droit de donner de tels ordres; il n'agit pas pour l'exécution des *ordres, ou ordonnances de l'autorité publique*, puisqu'il agit d'office, puisque c'est lui qui *ordonne* ; il n'agit pas pour l'exécution des *mandats de justice ou jugemens* ; car alors il n'*ordonnerait* pas, il ne ferait que *porter des ordres.*

L'art. 209 est donc complètement étranger à la question.

Mais, à cette occasion, c'est un devoir pour le conseil de remarquer combien l'auteur est loin d'abonder dans son système avec une dangereuse exagération. Quoiqu'il signale comme arbitraires les arrestations opérées ainsi d'office par des agens inférieurs de la police, cependant il est d'avis que les citoyens y obéissent, *s'ils se sentent coupables* : il n'admet la résistance, même à un ordre illégal, que s'ils se sentent exempts de culpabilité. (Col. 1re., *in fine.*)

C'est probablement ce passage qui, mal interprêté, a donné lieu aux magistrats auteurs de la mise en prévention de supposer que l'auteur *ne tolérait d'autre nécessité d'obéissance que celle qui résulte pour chacun du sentiment intime de sa culpabilité.* Mais cette interprétation est précisément le contrepied de la pensée de l'auteur ; il reconnaît avant tout une *nécessité d'obéissance*, qu'il ne se borne pas à *tolérer*, mais qu'il *proclame* expressément, celle qui résulte *d'un ordre légal d'arrestation.* Mais, en l'absence même de tout ordre légal, il ne conseille point de résister *si l'on se sent coupable.* Il n'enseigne point que l'on puisse résister, fondé sur son innocence, à une arrestation régulièrement ordonnée ; loin de-là, il donne à entendre qu'on fera bien d'obéir, *même à une arrestation illégale* ; si l'on ne se sent point innocent.

Ainsi, le sujet de reproche que l'on a cru trouver dans cette phrase se change, à l'examen, en un sujet d'éloge, et toute application de l'article 209 du Code pénal devient manifestement erronée.

Maintenant, le conseil va raisonner dans une autre hypothèse. En admettant, contre ce qui vient d'être prouvé, que l'auteur eût complètement erré dans sa doctrine, cette erreur constituerait-elle de sa part, une provocation punissable ?

QUESTION SUBSIDIAIRE. *La simple erreur, sur un point de droit, constitue-t-elle un délit ?*

Il serait, certes, bien cruel que l'on ne pût errer sur l'interprétation d'un ou de plusieurs articles de la loi, sans se rendre passible de peines correctionnelles; car le nombre est grand des thèses de droit sur lesquelles on peut, avec bonne foi, embrasser le pour ou le contre, et la profession de jurisconsulte deviendrait ainsi singulièrement périlleuse.

Heureusement, tel n'est point le système de la loi qui nous régit : elle ne sévit point contre des opinions et des doctrines ; elle distingue avec soin la *discussion* de la *provocation.*

Qu'un écrivain, dans un langage ardent, parle aux passions de la multitude ; qu'il foule violemment aux pieds la majesté des lois et de leurs ministres; qu'il allume, par des excitations impétueuses, la flamme des séditions, il *provoque*, sans doute; il est coupable ; il doit être puni.

Mais qu'un jurisconsulte, le Code à la main, en scrute, en interprète les dispositions ; qu'il énonce ce que, dans sa pensée, a voulu le législateur; qu'il disserte sur le sens et sur les effets de la loi : se fût-il mille fois trompé, il n'est point provocateur, il n'est que logicien inexact. Il a usé du droit d'examen et de discussion : son esprit a pu s'égarer; sa volonté est restée innocente.

Dans l'espèce de la cause, que voyons-nous ? Un journal, consacré aux matières judiciaires, est consulté par des citoyens qu'effraie l'arbitraire dans les arrestations; ce journal, qui compte des jurisconsultes au nombre de ses rédacteurs, s'adresse à l'un d'eux pour répondre aux personnes qui le consultent : le jurisconsulte interrogé, interroge à son tour les lois, se forme une opinion sur la question qui lui est soumise, jette à la hâte des notes sur les points de droit qu'elle soulève, les envoie au journal qui les imprime. Comment reconnaître ici la provocation ? où est *l'appel aux passions* ? où est l'intention coupable ?

L'homme qui cite la loi et qui la discute ne fait point d'*appel aux passions* ; il ne fait d'appel qu'à la raison et à l'intelligence.

L'homme qui se borne à traiter un point de droit ne s'égare point par malice, alors même qu'il s'égare ; il ne fait que payer tribut à l'imperfection de la raison humaine. Il ne faut point le punir, il faut le réfuter.

D'ailleurs, s'agit-il ici de quelqu'un de ces principes promulgués dans nos cœurs par la nature et par la raison ? S'agit-il au moins de quelqu'un de ces grands principes d'ordre social placés au premier rang dans notre législation, par leur clarté autant que par leur importance ? A-t-on contesté l'inviolabilité du monarque ? les pouvoirs des Chambres législatives ? Non : les attributions plus ou moins étendues des *derniers agens de la police*, l'interprétation plus ou moins large d'un arrêté de l'an VIII, voilà la haute question, voilà le principe immuable sur lequel on ne veut pas permettre à un jurisconsulte de se tromper, sous peine de prison et d'amende.

Par ces motifs, le conseil pense que l'auteur de l'article inculpé n'a émis aucune doctrine contraire aux lois et à l'obéissance que leur doivent les citoyens ;

Il pense, en outre, que l'erreur de doctrine sur des matières législatives, souvent susceptibles de controverse, ne pourrait, en aucune façon, être assimilée à une provocation criminelle.

Délibéré à Paris, ce 4 décembre 1826.

BERVILLE.

Ont adhéré à la consultation de l'autre part,

MM.

BERRYER PÈRE.
GAUTHIER-MENARS.
PETIT D'AUTERIVE.
PERSIL.
LAMY.
GAUTHIER BIAUZAT.
PARQUIN.
PIRAULT DES CHAUMES.
MERILHOU.
CONFLANS.
DE LAISNÉ.
CARRÉ.
LAVAUX.
COURBORIEU.
RENOUARD.
DUPIN JEUNE.
CHAIX D'EST-ANGE.
P. C. LAFARGUE.

MM.

COEURET DE ST.-GEORGES.
HUGUET.
BOULAY DE LA MEURTHE AÎNÉ.
VISINET AÎNÉ.
BOULAY DE LA MEURTHE JEUNE.
GERMAIN.
LE RIDELLER.
DEVAUZELLES.
GILBERT BOUCHER.
CH. COMTE.
V. LANJUINAIS.
PORTALIS.
DUTRONE.
ÉTIENNE.
CHARLES LUCAS.
JOFFRÈS.

CONSULTATION DE Me. FRITOT.

Le Conseil soussigné, qui a pris lecture de la copie,

1°. Des deux lettres adressées à M. Darmaing, rédacteur de la *Gazette des Tribunaux ;*

2°. De l'opinion manifestée par Me. Isambert, par suite de la communication qui lui a été faite de ces deux lettres ;

3°. Du réquisitoire de M. le procureur du roi ;

4°. De la consultation de Me. Berville ;

Adoptant pleinement les motifs de la Consultation de Me. Berville ; et de plus,

Considérant que, de l'ensemble de l'opinion manifestée par Me. Isambert, il résulte suffisamment que ce jurisconsulte n'a conseillé la résistance active et avec voies de fait qu'envers les agens subalternes de la police, agissant sans caractère légal, ostensible et reconnu, de leur propre mouvement et autorité privée, sans ordre et sans mandat émanant de l'autorité judiciaire et compétente ;

Que, par l'art. 209 du code pénal, invoqué dans le réquisitoire de M. le procureur du roi, à l'appui de l'accusation : « Toute attaque, toute résistance, même avec violence et voies de fait envers les agens de la police administrative ou judiciaire, ainsi qu'envers les officiers ministériels, les gardes-champêtres ou forestiers, et autres, n'est qualifiée, selon les circonstances, *crime* ou *délit de rébellion*, que lorsque ces agens et officiers *agissent pour l'exécution des lois, des ordres ou ordonnances de l'autorité publique, des mandats de justice ou jugemens ;* »

Qu'ainsi il ne résulte pas de l'opinion manifestée par Me. Isambert, qu'il ait provoqué au *crime de rébellion*, qualifié et défini par l'art. 209 du code pénal, et qu'en conséquence l'art. 217 du même code lui soit applicable ;

Considérant, d'ailleurs, que s'il peut se présenter quelques cas où ce puisse être un devoir, et par conséquent un droit, pour les agens subalternes de la police (mouchards ou espions), non d'arrêter ni de détenir un citoyen *domicilié*, de leur chef et sans mandat (droit qui ne peut jamais leur appartenir) ; mais de le traduire incontinent devant le magistrat, comme, par exemple, lorsque la qualité de citoyen *domicilié* ne peut être préalablement vérifiée et reconnue, ce droit ne leur est pas attribué par leur caractère, qui, de sa nature, est essentiellement occulte, mais par le principe général, qui fait de ce même acte un droit et un devoir pour tous les citoyens, en le leur laissant toutefois exercer à leurs propres risques et périls, sans aucune garantie particulière, et spécialement sans celle qui résulte de l'article 217, seulement pour les officiers ministériels et autres agens de la force publique, ayant un caractère légal, patent, et *agissant pour l'exécution des lois, des ordres ou ordonnances de l'autorité publique, des mandats de justice ou jugemens ;*

Considérant enfin que sur une question de droit aussi controversée, et qui peut être appuyée d'autorités graves et respectables, une simple opinion de jurisconsulte, lors même qu'elle serait erronée, lors même qu'elle a été rendue publique, avec ou sans le consentement de son auteur, ne peut constituer ni un crime ni un délit, ni même une contravention ;

Estime, avec Mr. Berville, que l'accusation portée contre Me. Isambert est dénuée de base, et qu'il y a lieu à le renvoyer purement et simplement absous des fins de la plainte.

Délibéré à Paris, le 12 décembre 1826.

Alb. FRITOT,
Avocat à la Cour royale de Paris.

CONSULTATION DE M^e^. MAUGUIN.

Le Conseil soussigné, qui a pris lecture des consultations de MM^es^. Berville et Legraverend, et qui a suivi les débats du procès fait à M^e^. Isambert, estime :

1°. Que le droit de tout citoyen est de n'obéir qu'à la loi ;

2°. Qu'en conséquence, toute personne qu'un individu quelconque se disant agent de l'autorité, veut arrêter *illégalement*, a le droit de résistance ;

3°. Qu'à l'égard de tout citoyen *domicilié*, et sauf le cas de flagrant délit, une arrestation ne saurait être *légale*, qu'autant que l'agent de la force publique *exhibe* un mandat délivré par l'autorité compétente, et se conforme en outre, s'il y a lieu, aux formalités prescrites par la loi, pour l'introduction des tiers dans le domicile d'un citoyen ;

4°. Que dans le cas de résistance à une arrestation *illégale*, il n'y a pas résistance à la loi, ce qui est défendu, mais résistance à un homme, ce qui est permis ; que la désobéissance et l'infraction de la loi se trouvent alors du côté de l'agent de l'autorité, qui viole les règles protectrices de la liberté des citoyens ; qu'à la vérité, il résulte de cette doctrine que les agens de la force publique ne sont pas des instrumens purement passifs, et doivent connaître leurs droits et leurs devoirs ; mais qu'il n'y a rien en cela que de juste et de légitime, puisque le premier devoir de tout individu entre les mains de qui la loi dépose son autorité, est de s'instruire de l'étendue et des limites de ses fonctions ;

5°. Qu'admettre en principe qu'un agent de la force publique a le droit d'arrêter un citoyen domicilié, sans être porteur d'un mandat légal, c'est renouveler le système des lettres de cachet, que toutes nos lois ont anéanti ; que ce serait le renouveler surtout, que d'attribuer le droit d'arrestation à un agent de police, qui n'a point de caractère public ;

6°. Qu'il ne saurait y avoir de délit à développer les principes ci-dessus, soit verbalement, soit par écrit, puisqu'il est de principe, non seulement que chacun est tenu de connaître la loi, mais encore que chacun est réputé la connaître ; qu'il ne saurait y avoir de délit, surtout de la part d'un jurisconsulte dont les fonctions sont d'étudier la loi à-la-fois pour lui et pour les autres ; qu'il ne saurait y en avoir lors même qu'en développant ses doctrines le jurisconsulte commettrait quelqu'erreur, parce que l'erreur est le fait de tous les hommes, même du ministère public, dont heureusement les accusations ne triomphent pas toujours ; même des magistrats dont les décisions sont souvent réformées, soit en appel s'il s'agit d'un jugement de première instance, soit en cassation s'il s'agit d'un arrêt ; que dans toutes les matières de doctrines, et surtout en matière de législation, on doit laisser un champ vaste à la polémique ; que cette liberté n'offre aucun danger, puisqu'il peut toujours être répondu à un écrit par un autre ; et que si, par exemple, l'autorité pensait que M[e]. Isambert s'est trompé dans l'article incriminé, elle aurait pu tout aussi bien le prouver par un autre article inséré dans un de ses nombreux journaux, que par une citation en police correctionnelle.

Délibéré à Paris, le 20 décembre 1826, par l'avocat soussigné,

MAUGUIN.

IMPRIMERIE ANTH[e]. BOUCHER, RUE DES BONS-ENFANS, N°. 34.

www.ingramcontent.com/pod-product-compliance
Ingram Content Group UK Ltd.
Pitfield, Milton Keynes, MK11 3LW, UK
UKHW022148260726
13993UKWH00005B/2222

9 782329 172989